Zhongguo Wenhua
Zhishi Duben

中国文化知识读本

主编 金开诚

编著 陈晓雷

少林寺

吉林出版集团有限责任公司

吉林文史出版社

图书在版编目（CIP）数据

少林寺 / 陈晓雷编著 . —长春：吉林出版集团有
限责任公司：吉林文史出版社，2009.12（2022.1 重印）
（中国文化知识读本）
ISBN 978-7-5463-1671-0

Ⅰ . ①少… Ⅱ . ①陈… Ⅲ . ①少林寺 – 简介 Ⅳ .
① K928.75

中国版本图书馆 CIP 数据核字（2009）第 236899 号

少林寺

SHAO LIN SI

主编/ 金开诚 编著/ 陈晓雷
责任编辑/ 曹恒 崔博华 责任校对/ 王新
装帧设计/ 曹恒 摄影/ 金诚 图片整理/ 董昕瑜
出版发行/ 吉林文史出版社 吉林出版集团有限责任公司
地址/ 长春市人民大街4646号 邮编/130021
电话/0431-86037503 传真/0431-86037589
印刷/ 三河市金兆印刷装订有限公司
版次/2009 年 12 月第 1 版 2022 年 1 月第 5 次印刷
开本/ 650mm×960mm 1/16
印张/8 字数/30千
书号/ ISBN 978-7-5463-1671-0
定价/34.80元

关于《中国文化知识读本》

　　文化是一种社会现象，是人类物质文明和精神文明有机融合的产物；同时又是一种历史现象，是社会的历史沉积。当今世界，随着经济全球化进程的加快，人们也越来越重视本民族的文化。我们只有加强对本民族文化的继承和创新，才能更好地弘扬民族精神，增强民族凝聚力。历史经验告诉我们，任何一个民族要想屹立于世界民族之林，必须具有自尊、自信、自强的民族意识。文化是维系一个民族生存和发展的强大动力。一个民族的存在依赖文化，文化的解体就是一个民族的消亡。

　　随着我国综合国力的日益强大，广大民众对重塑民族自尊心和自豪感的愿望日益迫切。作为民族大家庭中的一员，将源远流长、博大精深的中国文化继承并传播给广大群众，特别是青年一代，是我们出版人义不容辞的责任。

　　《中国文化知识读本》是由吉林出版集团有限责任公司和吉林文史出版社组织国内知名专家学者编写的一套旨在传播中华五千年优秀传统文化，提高全民文化修养的大型知识读本。该书在深入挖掘和整理中华优秀传统文化成果的同时，结合社会发展，注入了时代精神。书中优美生动的文字、简明通俗的语言、图文并茂的形式，把中国文化中的物态文化、制度文化、行为文化、精神文化等知识要点全面展示给读者。点点滴滴的文化知识仿佛繁星，组成了灿烂辉煌的中国文化的天穹。

　　希望本书能为弘扬中华五千年优秀传统文化、增强各民族团结、构建社会主义和谐社会尽一份绵薄之力，也坚信我们的中华民族一定能够早日实现伟大复兴！

目录

一、少林寺的历史变迁

少林文化是中国传统文化的典
范之一

（一）少林寺建寺的背景

少林寺历史久远，始建于北魏太和
十九年（495年），距今已有一千五百多
年的历史了。南北朝时期，佛教昌盛，门
派众多，论著丰富，而且思想也很活跃，
争相取宠于皇帝，极力为朝廷服务，于是
受到了上层统治阶级的特别保护。北魏孝
文帝就是一个特别崇信佛教的皇帝，他"善
谈老庄，尤精释义"。在其执政期间，不
但倡导佛教，而且还令良家男女百余人进
入空门。他还亲自为众人削发，施以僧服。
太和元年(477年)三月，京城内佛寺已有
百余所，从佛僧尼数量已达两千余人。京

城外地，上传下效，佛寺多达六千余所，僧尼数量高达七万余人。鉴于这种情况，名流高僧，尤其是来中国传教的外国僧人就理所当然地成了皇帝的座上宾。印度高僧跋陀，就是在这种背景下来到孝文帝身边的。

跋陀又称佛陀，即为"觉悟之人"。系天竺（印度）人，起初他与自己的六位师兄弟在本国一起修道，数年之后，其他五人相继修炼成功，唯跋陀一直没有成就。最后，他决定背井离乡求取功名。他经历千难万险，远游各国之后，最终来到孝文帝身边。因跋陀博通经法，深为孝文帝敬仰，孝文帝为之别设禅林，凿石为龛。为关心跋陀，孝文帝还为其复设静院，敕以处置。由于跋陀来中

河南嵩山少林寺被誉为"天下第一名刹"

少林寺的历史变迁

古木掩映下的砖瓦红墙

国的目的只是宣传佛法，宫中那种衣来伸手、食来张口的无聊生活并不是他追求的目标。所以，他不安于宫中的日子，总在寻找自己理想的传道场所。当孝文帝发现跋陀"性爱幽栖，林谷是托，屡往嵩岳，拟谢人事"时，便依跋陀的心愿，敕令在嵩山支脉的少室山阴，为之建造了少林寺，让他在那里翻译佛经，广收门徒，传播佛法。闻风而来者，数以百计。因寺院建于少室丛林中，遂命名为少林寺。

北魏孝明帝孝昌三年（527年），印度婆罗门摩诃迦叶（释迦牟尼弟子）的第二十八代佛徒菩提达摩，从印度出发远渡重洋，历经三年，经南海至金陵，辗转进入嵩洛地区，并寄居嵩山少林寺。他在阴暗潮湿的岩洞中"面壁而坐，终日默然"，传授以《楞伽经》为依据的大乘禅法。达摩之徒慧可，"师事达摩，朝夕参乘"。相传恭立达摩门外的慧可，曾用利刃砍断自己的左臂，献于达摩，流淌的鲜血染红了周围的白雪，慧可一心求法的诚意感动了达摩，取得了法嗣的地位。达摩和慧可为法忘躯，以启山林的精神确立了少林寺作为禅宗祖庭不可动摇的地位。以后，广集信徒传授禅宗，僧徒日益增多，寺院逐渐扩大，少林寺声名日渐大振。因此，达摩被称为中国佛教禅宗的初祖，少林寺称为禅宗的祖庭，达摩因此成为中国佛教禅宗的开山祖师。

但是，少林寺在历史上也曾被改称为陟岵寺，为什么要改称陟岵寺呢？当时佛教盛行已久，就连北周统治者本身也受到很深的

寺内古木参天，意境悠远

少林寺内香客不断

影响。据统计，北周的皇后先后有十人，都信仰佛教。周武帝死后，其子宇文赟继位。他继位的第二年（579 年），就把皇位传给自己刚满 7 岁的儿子宇文阐。宇文阐当时年幼，实际上，国家军政大权一下子就落到了宣帝嫡妻、天主大皇后杨氏之父杨坚的手中。杨坚图谋代周，于大象元年（579 年）三下诏旨，不遗余力地提倡佛教。这次复法，最初并未在全国普遍展开，只是在京师长安和洛阳各立一寺，均取名为陟岵寺。洛阳的陟岵寺即为少林寺。少林寺被更名的原因，在少林寺现存的碑文中是这样记述的："大象中，初复佛象及天尊像，乃于两京（长安、洛阳）各立一寺，因孝思所置，以陟岵为名。其洛中陟岵，即此寺也。"少林寺被皇室命

大殿内供奉着众多佛像，气氛庄严

名为陟岵寺以后，从原沙门中挑选了"声望嘉者一百二十人，在陟岵寺替国行道"。皇帝征调这些高僧大德汇集陟岵寺，其任务不是念经诵佛，而是研究释、儒、道三教方面的哲学著作。此时的他们，不是以僧侣道士的身份参加，而是以官吏的身份参加的。因此，不削发剃须，也不着僧服道冠，而以朝廷命官的名义，施以官服，执行公务。就这

寺内造型典雅的花瓶

少林寺历史悠久，年代
久远 v

少林寺

样，当时的陟岵寺又成了释、儒、道三教名流汇萃的地方。

开皇元年 (581 年)，杨坚废静帝，代周称帝，建都长安，改国号为隋。隋文帝杨坚一上台，便积极发展佛教，对少林寺十分关心，上台之初，就下令废陟岵寺寺名，恢复少林寺寺名。直至今日，少林寺寺名再也没有被更改过。

（二）少林寺的历史演变

少林寺历尽沧桑，它既有过香烟缭绕、钟鼓齐鸣的鼎盛时代，又有屡遭兵燹风雨的劫难。南北朝时，佛教盛行，当时佛寺遍布天下，北周武帝时采纳元嵩"定教先后"的建议，于建德三年（574年）下令禁止佛、道二教传流，当时少林寺也没能幸免，僧众流亡严重。

到了隋代，当隋文帝即位后，颇重佛教，对佛教大力扶持，并赐少林寺田地一百顷为寺院庄园，少林寺从此成为一个拥有百顷良田的大庄园。隋末天下大乱，烽烟四起，一场大火将整座寺院化为灰烬。

到了唐太宗时期，少林寺才恢复元气，寺内殿宇楼阁林立，全寺占地一万多亩，寺僧约有两千人。唐武德二年（619年），少林寺十三位僧人擒拿叛将王仁则有功，

洞开的朱红大门迎接八方来客

少林寺

受到唐王李世民的慰赏，于是赐田地千顷，水碾一具，参战僧人也各有封赐，并赐少林寺田地四十顷。由于有朝廷的大力支持，少林寺发展很快，成为当时驰名的大佛寺。被誉为"天下第一名刹"。少林寺也成了李唐最高统治者经常驾临游幸之所。如高宗、武则天不断到少林寺游幸，每次都有封赐，并对少林寺大加扩建。到了唐宋年间，少林寺拥有土地一万四千多亩，寺基五百四十亩，楼台殿阁五千余间，僧徒达两千多人，甚为兴盛。

唐末至五代，达摩开创的禅宗教派兴盛，并逐渐成为中国佛教最大的宗派，少林寺成为禅宗教派的朝圣地。为了纪念达摩，在少林寺后山达摩曾经坐禅传法的地方创建初祖庵，并

门额上有清康熙帝亲笔所提"少林寺"三个大字

少林寺的历史变迁

建立高大的达摩面壁之塔。

元明时期少林寺仍很昌盛。元初，世祖命福裕和尚主持少林，并统领嵩岳一带所有寺院。福裕主持少林时，创建钟楼、鼓楼，增修廊庑库厨，金碧辉煌，殿宇一新，僧徒云集演武礼佛，"众常两千"。后福裕被元帝追封为晋国公。

明王朝建立后，少林寺的殿宇楼阁屡经修葺，并有所增建。明朝近三百年间，少林寺僧人至少六次受到朝廷征调，参与官方的征战，多次受到朝廷嘉奖，并在少林寺树碑立坊修殿。现在寺内许多建筑系明清两代所建。少林寺的山门，是清雍正年间奉敕创建的；"少林寺"的门匾是清康熙皇帝的御笔。清末以后，少林寺屡遭兵燹战火。

现代史上少林寺遭遇的最严重的劫难，是1928年的军阀混战。河南军阀樊钟秀自称建国军总司令，他过去曾在登封驻扎过，结识了少林寺的一些和尚。1928年春，当冯玉祥正在安阳、大名一带和张作霖打仗时，樊钟秀和山西李虎臣结盟反冯。李虎臣出兵卡住潼关。樊钟秀在少林寺和尚的帮助下，派其部将李山林、赵振江两军，

少林寺经历了漫长的发展历史

少林寺香火鼎盛
少林建筑皆为雕梁画栋

一路出龙门进攻洛阳，一路由轩辕关攻打偃师、巩县，夺取了孝义（今巩县城）兵工厂。冯玉祥派石友三率军从荨岭口反攻过来。三月十五日石友三的部队攻到少林寺，原在寺里驻扎的樊钟秀和全体寺僧都逃跑了。石友三盛怒之下，放火烧寺。大火延续了45个昼夜，烧毁了从天王殿到法堂之间的建筑物，包括天王殿、大雄殿、法堂、钟楼、鼓楼、客堂、库房、东西禅堂、紧那罗殿、六祖堂、阎王殿和龙王殿等。又烧毁了全部寺藏的明代藏经、达摩面壁影石和所有佛堂陈设的仪仗，损失惨重。

　　20 世纪 80 年代初，政府全面落实宗教信仰自由政策，寺院宗教生活开始恢复。少林寺在一片废墟上开始重建。寺内现存有山门、客堂、达摩亭、白衣殿、地藏殿及千佛殿等。千佛殿内有明代五百罗汉朝毗卢壁画。寺旁有始建于唐贞元七年（791 年）的塔林，有塔二百二十余座，还有初祖庵、二祖庵，以及附近的唐代法玩塔、同光塔、五代法华塔、元代缘公塔等。寺内保存唐以来碑碣石刻甚多，重要的如《唐太宗赐少林教碑》《武则天诗书碑》《戒坛铭》《少林寺碑》《灵运禅师塔碑铭》《裕公和尚碑》《息庵禅师道行碑》和近年建立的《日本大和尚宗道臣纪念碑》等。该寺近年来曾屡加修缮，使千年古刹重放异彩。

（三）少林寺的第一次灾难

西域名僧跋陀主持少林寺以后，受到了皇室的支持和推崇，广收门徒，习禅练法，少林寺一直处于发达之势。但在北周武帝宇文邕建德年间，周武帝实施禁佛道二教政策，少林寺也未能幸免，同其他寺院一

少林寺的建筑雕画十分精美

少林寺

少林寺建筑带有浓郁的明清时代建筑风格

样"咸从废毁"。这是中国佛教史上的第二次大灭佛，在少林寺史上，可谓是第一次大灾难。周武帝的这次灭佛禁道，并非偶然之举，是因为佛教势力当时发展到扰乱天下的地步。据《魏书·释老志》记载："寺夺民舍，三分且一，僧寺无处不有，或比满城邑之中，或连溢屠沽之肆，或三五少僧共为一寺。象塔缠于腥臊，性灵没于嗜欲，真伪混居，往

来纷杂。正光以后，天下多虞，王役尤甚，於于所在编民，相与入道。假慕沙门，实避调役，猥滥之极。"为此弃田入寺的农民，为了逃避国家律令约束，直接受寺院僧主的支配，在经济等一系列利益方面与官府对抗，这在民以食为天，以农业立国的封建社会，是一个国家大权主宰于谁手、国家兴衰如何的重大问题。尽管佛教是统治阶级的御用工具，但由于它的大肆泛滥已威胁到了国家和统治阶级利益，也必然形成政、教之间的矛盾且不断尖锐化。为了打击佛门势力、发展生产、富国强民，北周武帝便开始筹划禁佛的计划。

香炉上勾画着精美的纹饰

据少林寺《少林寺碑》记载，周武帝"纳元嵩之说，断释老之教，率土伽蓝，咸从废毁"。由此看来，元嵩的意见促成了周武帝灭佛的决心。少林寺在这次禁佛斗争中，同样受到了毁灭性打击。卫元嵩，益州（成都）人，本是一位佛门信徒，出家跟名法师从佛，此人聪明过人，深精阴阳历数，曾到各地漫游，四处扬名。后来，他以俗人的身份到中原游历。因其喜交权贵，因而得到了周武帝的赏识，并封他为蜀郡公。卫元嵩原为佛门弟子，深知佛门

少林寺在历史上几经兴衰

内幕，目睹佛法的荒唐。面对佛、道的日益泛滥，他和一个名叫张宾的道徒联合起来，于天和二年（567年），上书周武帝，请省寺减僧，禁佛道二教。

如何对佛、道二教采取行动，周武帝考虑再三，慎之又慎。自天和至建德年中，他曾七次令释、儒、道三教名僧及朝中大臣聚集大殿进行大辩论，并亲临其场，细耳倾听三教之间的激烈争辩，以审其先后和优劣。历经反复洞察，终于于建德三年（574年）五月才下定决心，下令断佛、道二教。融佛灭经，驱僧破塔，宝刹伽蓝皆成俗宅。

建德六年(577年)，北周灭北齐，当年正月，武帝进入北齐宫殿，召集五百众僧于殿，讨论佛教废立之事。讨论结果，留儒除佛。此时虽有名僧慧远极力争辩，但武帝灭佛决心已定，仍令尽毁齐境佛塔，解散寺院所有人员，复军民，回到原来的户口编册。这就是佛教历史上著名"三武之厄"中的第二次禁佛大行动。此时，北方僧众纷纷逃至江南。少林僧徒也在这次事件中受到冲击，四散奔逃，有的隐居尘俗，有的遁匿山林，有的逃往江南。名刹少林惨遭废毁，这也是少林寺历史上的首次大灾难。

二、少林寺的名胜和古迹

少林寺现已成为著名的
旅游圣地

（一）传奇的碑林

山门即少林寺常住院的大门。为清雍正
十三年（1735 年）修建。门额"少林寺"三字
为清康熙御书。山门，面临少溪，溪上原架有
三座相互平行的石桥，相距甚近，将少溪南北
连接起来。最西为少阳桥，正对寺门。中间的
叫庆寿桥，可通溪南周府庵。最东的一座因通
往白衣殿，叫做白衣桥，早被山水冲坏，残迹
犹存。门台用青石砌成，高三米，台阶呈垂带
式，共十七级。山门前两旁有由五节石雕成的
大石狮，象征着镇邪与吉祥。门外左右两方跨
着马道的东、西两个牌坊，左面（即东面）的
石坊明嘉靖二十三年甲辰（1544 年）建，其外

少林寺归山朝圣碑

额刻有"祖源谛本"四字，内额刻有"跋陀开创"四字。石坊上刻的对联是："心传古洞严冬雪拥神光膝，面接嵩峰静夜风闻子晋笙。"其右面（即西面）的石坊，为嘉靖三十四年乙卯（1555年）建。外额刻的是"嵩山禅林"，内额刻的是"大乘胜地"。石坊上刻的对联是："地在

少林寺的石碑镌刻着往昔的风云

少林寺

天中四海名山为第一，心传言外十方法教是初元。"山门殿佛龛中供奉的是大肚弥勒佛，又称迎宾佛，人们把弥勒佛称为"端庄庄重山门喜看世间光辉照，笑哈哈迎来人祝福极乐无穷"。

太宗文皇帝御书碑

踏入少林寺首先见到的便是少林寺两大胜景之一的碑林。唐宋以来的石刻五十余座，集中在大通道的两旁草地上，还有一些散落在天王殿的前后。碑林中，有唐、宋、元、明、清各代最杰出的书法家的手迹。其中以《唐太宗赐少林教碑》、王敬之书写的《大唐天后御制诗书碑》、北宋鲁国公蔡京书写的"面壁之塔"、元赵孟頫书写的《裕公和尚碑》、明董其昌书写的《道公禅师碑》等文物价值最高。

《唐太宗赐少林教碑》据《金石录》记载，此碑为八分书。无书写人姓名，疑为后人重书。叶奕苞的《金石录补》和傅梅的《嵩书》都说，碑额隶书"太宗文皇帝御书"七字，为唐玄宗李隆基所题。碑文共240个字，其内容为秦王李世民讨王世充时因少林寺僧助战有功，遣使奖慰之文，并附有赐地、水碾，还寺教书。但碑文并非出自唐太宗亲笔，盖出于幕僚之手。书法不甚工整，但亦不俗。其中"世民"二字，是李世民以渴笔草书嵌入，乃亲笔草签，其余的字皆正书。

少林寺碑林

《裕公和尚碑》为元仁宗延祐元年（1314 年）十一月刻立。元翰林学士程巨夫撰文，赵孟兆页所书，清丽秀致。据《元史》卷一七二评价赵孟兆页笔迹，其"篆籀分隶真草书，无不冠绝古今，遂以书名天下。天竺有僧，数万里来求其书归，国中宝之"。

《道公禅师碑》与赵孟兆页所书《裕公和尚碑》并立。高约四米，六龙盘首，刻立于明万历三十七年（1609年）正月，为明代书法家董其昌书。字体为草书，遒健放逸，柔润可观。据《明史》卷二八八对其评价为"潇洒生动，非人力所及也，四方金石之刻，得其制作手书，以为二绝"。

碑林中有一尊刻碑很有影响，即"息庵禅师道行之碑"，为日本僧人邵元所撰。1973年，郭沫若携河南画像石及碑赴日展览时，也带上这两道碑刻拓片，并题诗赞曰："息庵碑是邵元文，求法来唐不让仁。愿作典型千万代，相师相学倍相亲。"碑文内容是记叙少林寺十五代住持息庵禅师的事迹，撰文者邵元是日本一位有名的高僧。元泰定四年（1327年）来到中国，先到福州，又到天台山、天目山和五台山等处遍访名僧。最后来到嵩岳少林寺，长期居住在此。邵元的佛学修养很高，在来中国之前，是日本山阴道但洲正法禅寺的住持。他在少林寺期间，曾先任寺里书记，后为首座。当时元政府要从全国选一百名高僧到京师宫里翻译大藏经，邵元是被选中之一。他在中国待了21年，到至正七年(1347年)始东归，回国之后，声誉大振，成了日本有名的高僧。

碑林位于少林寺常住院山门和天王殿之间

庄严宏伟的少林寺天王殿

（二）天王殿、大雄殿

从"山门"开始，直至最高的"千佛殿"，每一进都有主殿和配殿，各自形成一个独立的建筑群。由第二进的天王殿算起，每一进都有大殿一座，依次是大雄宝殿、藏经阁、方丈室、佛祖殿、千佛殿，两旁建筑群依次排列：东有钟楼，紧那罗殿、东禅堂，白衣殿；西有鼓楼，祖堂，西禅堂，地藏殿，等等。

天王殿是少林寺最为庄严宏伟的一所殿宇，原殿毁于民国十七年（1928年），于1982年重修。除四周走廊外，宽三间，深两间，原来外塑金刚像，内塑四天王像，又称四大金刚，它们的职责是视察众生的

善恶行为，扶危济困、降福人间。人们根据四大天王的组合特点，寓意"风调雨顺"。1704 年，康熙帝御书"少林寺"三字，原来悬在天王殿外，现在挂在山门外边。天王殿遗址后并列三通石碑，中间的一通为明天启甲子年（1624 年）刻制。正面为"达摩一苇渡江"的画像，达摩蓬头袒胸，神态飘然，脚踏芦苇，枝开五叶，据传是达摩谒见梁武帝，梁武帝见他其貌不扬，未予任用，达摩即于江边拔一芦苇置江中，踩苇渡江到少林寺居住。

大雄宝殿是全寺的中心建筑，是僧人进行佛事活动的重要场所，该殿和天王殿一样，在民国十七年（1928 年）被军阀石友三烧毁。

佛钟是佛家文化的重要组成部分

现在的大殿是 1985 年重建的。该殿是面阔五间的重檐歇山式建筑，殿内正中供奉着现世佛"释迦牟尼如来佛"，左为过去佛即东方净琉璃世界的"药师佛"，右为未来佛即西方极乐世界的"阿弥陀佛"，殿内东西山墙悬塑的是十八罗汉，屏墙后壁悬塑的是观世音。少林寺大雄宝殿与其他寺院大雄宝殿的不同之处在于，这里的三世佛左右各塑有站像——达摩祖师和被称为少林寺棍术创始人的紧那罗王。另外，该殿中间两根大柱下还有麒麟雕像，预示了禅宗佛教是完全汉化的中国式佛教。

大雄宝殿东侧的殿宇是紧那罗殿，重建于 1982 年，内塑的紧那罗王是少林寺特有的护法神。这里展示了紧那罗王的报身、法身、应身三种不同的形象。传说古时山贼困少林，群僧束手，"烧火和尚挺身而出，抡棍攻陷敌阵，声如吼，动如闪，却敌于一霎间，之后自称紧那罗王，飞仙而去"。现已无从稽考。

在紧那罗殿南，原有元代创建的钟楼，西向，两间，高十丈。所悬的大铁钟，重约一万一千斤，粗可四人围，声闻三十里。系金章宗泰和四年（1204 年）铸造，原来悬挂在钟楼。1928 年大火后，大钟跌成数片。解

少林寺鼓楼

放以后，1957年加以修整，仍放在钟楼原处。
在钟楼前，竖有清乾隆皇帝于乾隆十五年
（1750年）刻立的《乾隆御碑》。碑文是
一首五言诗："明日瞻中岳，今宵宿少林。
心依六禅静，寺据万山深。树古风留籁，
地灵夕作阴。应教半岩雨，发我夜窗吟。"

在六祖殿南和钟楼东西相对的是鼓楼，高与钟楼齐。方三间，高三层，面向东，因为基层上加修了一层围墙，所以从外面看是四层。四面为砖壁，创建于元大德年间（1297—1307年），由十六根大石柱建成。钟、鼓二楼是寺院的常见建筑，人们说的"晨钟暮鼓"是寺僧起居和进行佛事活动的一种信号。

藏经阁位于大雄宝殿后方

（三）达摩亭、千佛殿

过了大雄殿，再登高一层，便是法堂。它是寺僧藏经说法的场所，清乾隆八年（1743年）奉敕在此藏存经卷，所以又名藏经阁。为明代所建，毁于1928年军阀混战中，保存了几代的达摩面壁石同毁于此殿，一些武术资料也焚烧殆尽，现在的大殿为1994年重建。内供少林寺的一位缅甸弟子于1996年捐赠的汉白玉卧佛像一尊。在藏经阁月台下有一口大铁锅，是明代万历年间铸造的，据说是当时少林寺和尚用来炒菜用的小锅，从这口锅可以想象到少林寺当时的昌盛与繁荣。法堂的东边是客堂，西边是静室，也是东西相对。

法堂之后为方丈室，宽五间，深三间，是少林寺住持僧（也就是方丈）起居、生活、理事的地方。乾隆十五年（1750年），清高宗弘历游嵩岳时，曾住在此室，后人称之为

少林寺以其独特的佛文
化吸引着中外来客

龙庭。解放以后，寺僧曾将它用作招待游人的休息室，改称"客庭"。方丈室走廊东端悬挂元代至元二年（1336年）铸造的铁钟一口，重约六百五十斤，钟上的铭文，字迹清晰，内容为当年少林寺知事僧的名字和元代少林寺的三十一个下院的名称。走廊的南墙壁上嵌有宋代书法家蔡京的"面壁之塔"石刻和其他石刻画像多种。夏日雨过天晴，站在客庭向江南望，对面的少室山石壁在水光山色及日光映照下，面壁的光雪犹如一堵雪墙，故有少室晴雪之称。

从方丈室后，再登上高约二丈许的台阶，便是达摩亭，为清代建筑，深阔各三

间。相传禅宗二祖慧可在没有得道之前，
渴望得到初祖达摩的"衣钵真传"，乃长
久地站立门外，雪深过膝，始终坚持忍着，
达摩进一步考验他，说除非雪是红的，才
纳他为弟子，于是慧可断然抽刀断臂，血
染雪阶，这就是少林传说的"立雪断臂"。
为纪念二祖慧可立雪断臂求得佛法，人们
又将此处"达摩亭"称为"立雪亭"。亭
内神龛中供奉的是铜质达摩坐像，两侧分
别是二祖慧可、三祖僧灿、四祖道信、五

少林寺立雪亭

祖弘忍。现亭内悬挂的"雪印心珠"四字乃乾隆皇帝御题。东壁角铜钟为明万历十七年（1589年）造，重五百余斤。

少林寺最高最大的一座殿宇，就是第七进的千佛殿，又名毗卢殿。建于明万历戊子年（1588年），清乾隆年间重修。殿高二十余米，面积约三百余平方米，是寺内最大的佛殿。殿中间神龛中供奉的是铜铸莲花座毗卢佛像，神龛上悬挂的"法印高提"匾额是清乾隆皇帝御书。殿内东、西北、三面墙壁上是晚明无名氏绘制的"五百罗汉朝毗卢"巨幅彩色壁画，是寺内最珍贵的艺术品之一。毗卢为梵语，意思是至高无上的善神。后人把他当做佛祖释迦牟尼的化身。此画背景自下而上分三个层次，下层是波涛起伏的海洋，一列罗汉浮游其上；中层风云浮动，又一列罗汉似在腾云驾雾；上层是连绵的山林，又一列罗汉神游其间。每个罗汉神态各异，或分或合，都自成一幅美妙的艺术画。特别是用笔着彩，别具一格，用笔粗犷有力，轮廓简单清晰，着色清淡，神气飘然。全殿青砖铺地，地面有 48 个深浅不等的陷坑，分四排，最深的坑约深二十厘米。传说这是古时寺僧"站桩"留下的脚窝。

在历史风雨的洗涤下壁画已显斑驳

在千佛殿前的东面，是白衣殿，又名锤谱殿。它是千佛殿的配殿，殿内神龛中供奉着白衣大士，即观音菩萨。墙壁上有清末画的彩色壁画。神

少林寺壁画

龛南壁为"降龙"，北壁为"伏虎"，东北、东南面壁眉有"文殊骑青狮""普贤骑白象"烘托着两幅反映少林传说的主题画，"十三棍僧救唐王"和"紧那罗王御红巾"。

千佛殿西面是地藏殿，殿中间供奉的是地藏王，站在地藏王南侧的为答辩长老，北侧的为道明和尚，殿内南北两面墙壁绘制的是十帝阎君的画像。在中国古代传说中，他们是主宰"阴间地狱"的神。地藏王骑着一只怪兽，叫"谛听"，据说它有"顺风耳"，所以地藏王靠着它能知道世界每个角落的事情。地藏殿早年倒塌，现在的大殿为 1979 年时重建。

少林寺佛像

（四）"少林三庵"与神奇的达摩洞

　　整个少林寺是一个广大的区域。寺外还
包括少林三庵、达摩洞等胜景和连绵数百顷
的山田，少林寺最大的艺术价值和最有文史
价值的部分，不是在寺内，而是在寺外。

　　初祖庵位于少林寺西北约两公里五乳峰

少林初祖庵

下的阜丘上，建筑物仅存一座大殿、两间小亭和一所新修的千佛阁。建于北宋宣和七年（1125年），是为了纪念禅宗始祖达摩而建。此庵全用木材，与其他庵迥然不同，它是河南省最古老的木结构建筑物。殿门两侧有砖雕楹联："在西天二十八祖，过东土初开少林"，简明地说出了达摩的身世和来历。全殿有八角石柱十六根，殿内四根金柱上有高浮雕画刻：握杵执鞭、气度威严的武士、活泼的游龙、潇洒的舞凤、飘然若生的飞天和浑圆的盘龙，这些高浮雕刚容柔和，惹人注目。其他神台须弥座及墙石护脚上的蕃草、猛狮、麒麟、水兽

等浮雕，无不生动传神。殿前东南角有古柏一株，相传是六祖慧能于唐代初年用钵盂从广东带回了一棵柏树苗，栽植在这里的，以表示对达摩的尊重和怀念。迄今犹苍翠欲滴，树下有康熙乙酉年（1705年）立的石碑，上面刻有"六祖手植柏，从广东至此"十个大字。殿内神龛中供奉着禅宗列祖的塑像，其中，只有二祖慧可、三祖僧灿、四祖道信、五祖弘忍侍立在初祖达摩的周围，独缺殷切怀念达摩的六祖慧能，这又是什么缘故呢？这里，隐藏着一段佛教界为之震惊的法门"党争"的内幕。禅宗发展到第六代，分裂成"南宗"和"北宗"，佛教史上有所谓"六祖乱传法"的事，指的就是这么一回事。

错落有致的少林寺建筑

少林寺的名胜和古迹

041

少林寺香炉

二祖庵在寺西南四公里的钵盂峰上，为纪念二祖慧可而建，据说二祖慧可"立雪端臂"后，就在那里疗伤，所以二祖庵又称"养伤台"。殿内现有殿房三间，明清碑碣数通，殿前有古柏三株，庭院四角有水井四眼，这就是有名的"卓锡泉"。传说达摩去看圣地时，发觉四处缺水，于是提起禅杖，在殿前的东南西北方各拄一下，水即源源而出，这些水有酸、甜、苦、辣四种味道，这就是达摩"卓锡得泉"的故事。庭院周围有砖塔三座，其中一座为唐万岁登封元年（696年）所建。

三祖庵仅存三祖僧灿的佛塑像，此外，

再无值得称道的东西。

在初祖庵北的五乳峰上，有一个天然石洞，据说这就是达摩面壁禅坐的地方。该石洞深七米，宽三米，相传为达摩面壁九年（或十年，527—536年）之处，最后达摩的像映入崖中。此石崖已移至寺内展览，石上确实有似用毛笔勾画的达摩肖像。当然这不可能是真的，想必是古人用墨所绘，年久后墨汁浸石，洗后仍留痕迹所致。现在石洞尚存，称为达摩面壁洞或达摩面壁九年处。面壁的意思是外息诸缘，内心无喘，心如墙壁，可以入道。就是要排除一切干扰因素，在"明心见性，一切皆空"上面下功夫，在思想深

少林寺的屋檐见证了历史的过往

少林寺的名胜和古迹

处苦心"炼魔"。洞前，有明代立的石牌坊一座，南面的牌额刻有"默玄处"，北面牌额刻有"东来肇迹"。为何人所书至今不详。

少林寺藏经阁前的香炉

关于达摩的故事有很多，据说达摩在少林寺收了个徒弟，叫神光。神光原姓姬。幼年时在洛阳龙门香山出家，受戒于永穆寺。40岁那年，于寂默静坐之中忽然看见一神人对他说："大道非遥，汝其南矣。"醒来后大惊，知是神助，遂改名为神光。第二天，感觉头痛如刺，他的师父宝静禅师听到喊痛声，想给他治疗。这时空中有声："此乃换骨，非常痛也。"宝静禅师吓得不敢治了，这时再看神光的头顶，分明显出五个凸出物，俨如五峰秀出。宝静禅师知神光非同小可，命他去少林拜达摩为师。神光来到少林寺求见达摩，欲以拜师，然而不管神光怎么恳求，达摩总是端坐面壁，不发一语。神光想起前人为求道不惜敲骨取髓、投崖饲虎的种种事迹，决心以自己的实际行动感动达摩，于是他天天参禅在达摩身边，不计晨夕。有一年十二月初九夜，天降大雪，神光竖立不动，到天明，雪过膝盖。达摩终于有所感动，问道："汝久立雪中，当求何事？"神光含悲流泪道："惟愿和尚慈悲，开甘露门，广度群品。"后来神光还自断左臂，进一步表现不辞辛劳、献身佛门的决心。神光成为达摩弟子后，

少林寺藏经阁牌匾

改名慧可。达摩灭度前考察手下诸弟子，认为唯慧可得其法门真谛精髓，遂将作为法信的袈裟传予慧可。

还有一个神奇的传说，达摩在少林寺坐禅，多次遭到暗害。有人下药五次，达摩均化险为夷。至第六次，达摩虽知有毒，

佛教犹如西方飘来的种子在嵩山扎下了根

但感到业缘已毕，传法得人，安静地食完这下了毒药的斋食，端居而逝。达摩大约死于536年。达摩死后三年，北魏使臣宋云出使西域回国，在葱岭忽然看见一位高个子和尚手提一只鞋，迅疾而来。宋云认出是达摩，大喊："师何往？"达摩答："西天去。"宋云回来说了此事，人们不信，于是挖开墓穴，打开棺材，发现的确为空棺，唯有一只鞋在棺中。北魏皇帝闻奏，命取这只鞋放在少林寺供养。唐朝开元年间，有人盗取此鞋，移放在五台山华严寺，后不知所在。

关于达摩的传说还有很多，令人莫衷一

少林寺塔林位于少林寺西
面三百米处的山脚下

是，想不到清代乾隆皇帝却有惊人之语。话说1750年乾隆游少林寺时，写了一首诗。诗云：“大地那非碧眼僧，九年面壁却何曾！宋云道是逢葱岭，五叶原教到慧能。片石无端留色相，千秋不必考明征。他告诫人们不要太过相信这些传说，也不必花费时间去考证。

（五）少林之宝——塔林

塔林者，佛塔如林之谓也，位于少林寺西面约三百米处的山脚下。塔林即历代少林寺僧的墓群。塔是古印度语“塔婆”的简称，译为坟墓。佛家有名望的和尚死后，把骨灰或尸骨埋入地宫，上面建塔，以示纪念。少林寺塔林现存有唐贞元七年

少林寺古塔是历代少林寺
和尚的墓塔

（791年）至清嘉庆八年（1803年）之间的唐、宋、
金、元、明、清各代的砖、石墓塔二百二十余座，
其中唐塔两座、宋塔三座、金塔十座、元塔四十
座，明塔最多，有一百三十八座，清塔只有十座，
其他题记刻字不清者，有二十余座，占地面积约
两万平方米，是我国现存最大的塔群。

　　塔的层级一般为一至七级，高的有几丈，矮
的只有三尺左右，每个塔上几乎都有塔铭和佛像
雕刻。塔铭大小不一，有的镶嵌在塔的正前面，
有的安装在塔的后壁。塔的造型以方形居多，也
有四角、六角、柱体、锥体、圆形、宝瓶形及独
石雕刻等，塔林中的塔为什么有高有低、有大有
小？除了各时代建筑风格不同外，还与塔主生前

在佛教寺院中的地位、佛学修养、僧徒多少、威望高低及经济状况等条件有关。

在塔林中，以唐代法玩禅师塔、宋代普通塔、金代西堂老师和尚塔、元代中林禅师寿塔、明代坦然和尚塔和清代彼岸宽公寿塔等最具代表性。这些塔是不同朝代的代表作。

法玩禅师塔是塔中现存最古老的一座一级四角方形砖塔，建于唐贞元七年（791年），高约七米，是塔林里最早的一座寿塔，用水磨砖和黄泥垒砌而成，塔顶为五层石雕组成，下层为为高浮雕飞天、二层为轴形转轮、三层为仰莲、四层为云雷纹圆盘、

少林寺塔林

古塔的造型因时代不同而风格万千

上顶为一圆球形的宝珠。塔门为拱形，嵌有一块高约一米多的象征性石门。门额上浮雕两个长尾短翅禽爪人身的直立飞天，额侧两厢浮雕两个束腰、飘服、卷发、长裙的对称形飞天。门口两侧雕，有两个武士，执剑托塔，气度威严。门栏杆上浮雕的两扇石门上雕有石锁，刀工细致，形象逼真。

少林寺的名胜和古迹

少林寺塔林中最早的塔已有
一千二百多年的 历史

　　塔林内埋葬的一般都是大德高僧，但
建于宋宣和三年（1121 年）的宋代普通塔
却是一座众生塔，塔下埋葬着 32 具僧人尸
骨，他们原是长期游方的僧人，本不能进
入塔林，原先分别葬在寺院周围的山坡上。
后住持僧菊庵长老料理寺院时，才把这些
僧人运回塔林合葬在一起。因不知其姓名，
故名"普通塔"。这座塔用石灰砌砖，形
制与法玩禅师塔相似。高约五米，塔的基
层为一砖砌方形台子，四角折射高挑，塔
顶由五层石雕组成，分别施以覆莲、轴形
转轮、圆盘云雷纹和长尖状宝塔等。拱形
门洞里，镶嵌着一座石门，高约一米许。

原来的门扇早已丢失，现在仅存一座塔室。

西堂老师和尚塔建于金正隆二年（1157年）十月。用石灰和水磨砖砌成。高约六米，为一级四角正方形塔。塔顶砌有正方形的砖台，台上施石雕，上面的雕石已失，仅存塔基。须弥座塔基的束腰处，有二十八格砖塑莲菊树草、鹿马虎鸽等图案花饰。拱形塔门

少林寺古塔塔铭多涉及古代中外
文化交流和 少林武功

上浮雕乳钉五十，铺首衔环，大方美观。

　　元世祖至元二十七年（1290 年）建的中林禅师塔是一座六角七级的实心塔，是用各种不同形状的水磨砖砌成的，高约九米。塔身为密檐，自下而上分别迭出。八层、七层、六层、五层和四层，层层迭收，形成锥体。塔顶为砖砌的鼓形台，台上安放石雕塔基，为仰、覆莲组成。拱形塔门高约七十厘米，门扇上有乳钉五十，石锁一具。塔志砌在塔门之上，题为"宣授中林禅师之塔"，塔铭在塔的后壁上。须弥座式塔基，周围砌有树木图案，形象真切。这座塔由于缝合紧密，建筑坚固，现在仍甚完好。

坦然和尚塔建于明万历八年（1580年），这座塔是用八块雕刻的青石砌成的。塔身呈喇叭形，高约五米，基座为覆莲。座上雕有人兽图案的八角石柱。二层为八角石盘，周身有线雕花草和姿态不同的四对高浮雕石狮。三层为圆形石块，四层为八角石盘，浮雕着八卦图。五层为塔的主身，约占塔高的

塔墓的层级一般为一至七
级

一半，其形如瓶。南面刻有塔铭和象征性
的石门。六层为五转的螺旋形柱状石雕。
七层为圆形石盘，稍大，刻有八组浮雕图案，
周沿刻十二个"十"字形纽带。八层为塔顶。
这座塔雕刻精巧，秀丽玲珑。

　　彼岸宽公寿塔建于清康熙五年（1666
年）六月，为六角七层砖塔，高约十米。
塔身密檐，自上而下分别迭出。四层至八层，

逐层迭收为圆锥体，密檐六角，各饰有挑角兽头，装点精美。尖细的塔顶，置有五级塔刹，仍为仰、覆莲之类的石雕组成。塔基须弥座的束腰处，饰有十二格花草动物等图案的砖制雕塑。

此外，塔林中部偏东处有宋绍兴九年（1139年）修造的菊庵长老寿塔一座，塔为五级六角，高八米。后壁镶嵌的塔铭，系少林首座日本国沙门邵元撰文，文辞和书法都具有相当的造诣。1973年4月郭沫若题诗赞曰："邵元撰写照公塔，仿佛唐僧留印年。花落花开沤起灭，何缘哀痛着陈言。"塔林西边还有明嘉靖四十三年（1564年）修造的

少林寺塔林

天竺和尚塔一座。这些事例说明中日、中印关系亲善交往甚密，文化交流的史实是不乏先例的。

少林寺塔林古塔从唐贞元七年(791年)开始建设，到清嘉庆八年（1803 年）结束，建设时间长达千余年。最早的塔已有一千二百多年，最短的也有二百多年历史。塔林中的这些塔，虽历经千年风雨，仍保存完好，这不能不说是中国建筑史上的奇迹。

三、天下武功出少林

（一）少林武术的起源和发展

少林武术博大精深、源远流长，是中华武术的重要组成部分。少林武术起源于达摩。据清《少林寺》解释：禅宗初祖达摩，本无心于研立拳术。只因为长期盘膝静坐，肢体麻困，不得不经常起身活动四肢，舒展筋骨。据说达摩将鸟兽虫鱼飞腾、跳跃、游弋、滑翔等多种姿势融合进来，逐渐形成一套健身养性的少林拳的雏形，并将它刻成壁画，令僧徒演习。可能这就是最早的少林武术了。据传达摩逝世后，又流传了《易筋》《洗髓》二经，遗憾的是其徒慧可密持《洗髓经 v》，未传于世，只留《易筋经》供僧众们演习作强身之术。后来经过僧众们长期演练、综合、接纳，曾发展到百余种。

唐太宗李世民像

少林武术的发扬光大，是隋唐之际的一件大事。隋朝末年，天下大乱，少林寺被山贼所劫，僧众奋起拒敌，贼人放火烧毁寺院。唐高祖李渊派其子李世民，率兵进攻盘踞洛阳的王世充。李世民曾写信邀请少林寺武僧下山助战，以昙宗、志操为首的十三名和尚率领众僧下山，解救了被王世充围困的李世民，生擒王世充侄儿王仁则，李世民即位后，对昙宗等十三人给予赏赐，还准许少林寺容纳武僧，练拳习武。因而少林寺名声大振，僧徒日众，达两千余人，

少林功夫让少林寺名扬天下

少林寺精美的石刻

少林寺

练武之风逐渐兴起。

从宋到元，少林武术有了一个较大的发展。先是福居和尚曾邀集全国十八家武术名手于少林寺，将各家之技艺，加以汇总。经过了几年的钻研，取各家之长，汇集成册。现在流传的拳谱上有这样的记载："夫短打者（即长拳），原自少林福居禅师删集也。习学诸家之法多年，乃得真传。最要者有功三乘：第一行功积力；第二推送沙袋，操练拳掌；第三演习诸家手法，此乃习武之要也。如金钟罩、吞符水、吹丹在手、纵地法，皆系外道，不堪传世。删集之时，一概焚之。"福居和尚将十八家手法之妙记载于内，要求后之学者，务得勤习苦练，豁然贯通。传说

电影《沙林寺》让少林功夫闻名中外

少林寺

赵匡胤对少林拳术研究最深，尤精三十六路长拳、六步猴拳、国拳等，曾有著述，后之学习者称其为太祖门。

元朝建立后，少林寺得到大力推崇，使之成为拥有至高无上地位的佛教寺院，少林寺由此也极力维护元朝的统治。元朝时曾下令民间禁止铸造兵器，不准民间习武。但并不禁止少林寺习武用以自卫。元朝末年，在少林寺与农民起义军的对抗中，少林寺曾组织僧兵反击红巾军，但最终还是被强大的农民军打败，少林寺也被攻陷。关于元末少林武僧与农民军进行的战争，后来演化成了"紧那罗王御红巾"的神话。传说，红巾军进攻少林寺时，烧火僧紧那罗王手持烧火棍，站于太室、少室两山之间，吓退了红巾军。然而事实与传说恰恰相反，不是少林棍僧紧那罗王打败了红巾军，而是红巾军击败了少林武僧，并攻占了少林寺。后来少林寺还把紧那罗王奉为棍术大师，武僧则把唐代的大将军僧昙宗称为头辈武僧师爷，把紧那罗王称为二辈师爷。

元末，少林寺僧徒星散，寺院废毁大半，少林武术受到很大影响。相传朱元璋

少林寺石刻

在发展势力时，曾得到少林僧徒的帮助。因而在明王朝建立不久，寺院就很快得到恢复。从正德到天启，明政府经常征调少林僧兵，正德时少林武僧周友曾率僧兵镇守山陕边关并征讨云南，嘉靖时少林武僧也曾大规模参与抗倭战争。战争的洗礼，

使少林武术得到了长足发展。少林武术自明代扬名之后，即开始在国内广泛传播。明代是少林武术发展史上的一个辉煌时期，此期间不仅少林寺繁荣，寺僧练武、演武、传武风气也很兴盛，甚至朝廷也多次调遣僧兵参战。

清道光八年（1828年），满洲大员麟庆代表河南巡抚来到登封祭祀中岳，居住少林寺时要求看一下少林寺的拳法。但因清朝统治者曾严禁民间练习拳棒，违者要逮捕法办，所以少林和尚都讳言不解。后来，麟庆对僧众讲："少林拳勇，自昔有闻，只在谨守清规，保护名山，正不必打诳语。"和尚们才敢在殿前表演拳术。麟庆看后称赞少林拳法："熊经鸟伸，果然矫捷。"康熙后期，少林

少林寺杳炉

具有浓郁艺术气息的少林寺石刻

少林寺

少林功夫令人叹服

武术在社会上的传播已相当广泛，不仅天地会说武艺出在少林寺，民间习武者也沿习教会、帮会的说法，说自己的武艺出自知名的少林寺。清康熙时长洲人褚人获《坚瓠集》："今人谈武艺，辄曰：'从少林寺出来。'"这句话实际上就是后来的"天下武功出少林"的早期表述。

（二）少林武僧代表——僧稠

僧稠，为跋陀的弟子，是当时著名的禅僧，跋陀称他为"葱岭以东，禅学之最，汝其人也"。

在跋陀众多的弟子中，僧稠无疑是其中

少林功夫已经成为中国的名片

最优秀者之一。僧稠继承跋陀的佛派观点，与以后达摩的禅风大不相同，因此他是后来达摩来中国宣传佛教禅宗的有力抗衡者。

僧稠，俗姓孙氏(479—569年)，昌黎人，从小以"孝信知名，而勤学释典"。28岁时，他入巨鹿景明寺习佛，拜治实为师，后跋山涉水来到少林寺叩拜跋陀为师，以学习经法。进少林寺后，僧稠目的明确，聪明有志，寺存《少林寺碑》有"一览佛经，涣然神讲"之语，说的就是僧稠具有很高的天资。跋陀对僧稠十分宠爱，曾夸奖说："自葱岭以东，禅学之最，汝其人也，乃更受深要。"僧稠得法后，离寺传法，曾主持过嵩岳寺，还游化过怀州（河南沁阳）西王屋山、青罗山、马头山等处。

正光三年（522年），文宣帝敕令在叶城西南八十里处的龙山之阳，修建云门寺，恭请僧稠在其居住。在这里，僧稠享受着皇帝的特殊恩赐，生活十分奢华。数以千计的门徒随其从佛，其规模之盛大，其供应之丰富，可谓无与伦比。北齐天保二年（551年），僧稠应文宣帝高洋的邀请，到邺城从事佛教活动。初到邺城时，高洋出郊远迎，并亲扶僧稠进入皇室，请教正理，接受禅道戒法。齐乾明元年（560年），僧稠卒于寺中，终年81岁。僧稠去世的第二年，其弟子奏请

少林寺建筑飞檐斗拱

天下武功出少林

皇帝为禅师起塔。僧稠大化那天，哀悼之僧数以万计，四周山坡皆被人群覆盖，哀声动地，音震河川，显示了佛门弟子对僧稠禅师的无限敬仰。

威武的少林功夫雕像

僧稠是佛门禅师，名望极高。又是一位武林高手，是少林寺有史以来第一个武僧代表。据《太平广记》中记载："少林武僧，著称于北齐，稠禅师能跃之梁，引重千钧，拳捷骁武。"此话看来，这与唐人张兆《朝野金载》中的记述颇为近似："北齐稠禅师，邺人也，幼落发为沙弥，时辈甚众，每休暇，常角力腾越为戏，而禅师以劣弱见凌。给侮殴击者相继。禅师羞之，及入殿中，闭户抱金刚而誓曰：'我以羸弱为等类轻侮，为辱已甚，不如死也。汝以力闻，当佑我，我捧汝足七日，不与我力，必死于此，无还志……须臾于堂中会食。食毕，诸同列又戏殴。禅师曰：'我有力，恐不堪于汝。'同列试引其臂，筋骨强劲，殆非人也，方惊疑。禅师曰：'吾为汝试之。'因入殿中，横塌壁行，自西至东凡数百步，又跃首至于梁数四，及引重千钧，其拳捷骁武劲。先轻侮者俯伏流汗，莫敢仰视。"对于这个佛教故事的记述，我们先排除其封建迷信的色彩，透过内容可以

少林功夫中的武，已经融化
在了参禅之中

清楚地看到，僧稠入寺之初，常"以劣弱
见凌，为辱已甚"，僧徒之间争强斗争之事，
以为常见。后来，僧稠发奋锻炼，最终成
为武技的佼佼者。这也是我们追溯少林寺
最早武踪和前辈武僧的明显证据。

（三）少林功夫

自隋唐以来，少林以武术著称于世，
所传功夫极多，有"少林七十二艺"之说。
这些功夫，按性质分，大致可分为内功、
外功、硬功、轻功、气功等。所谓内功，
如易筋经、洗髓经等，以练精、气、神为主，
功成后整体内壮。所谓外功、硬功，多指

今日 的少林寺成为人们了解少
林历史的窗口

高达俊美的少林建筑

少林的禅身

锻炼躯体某一局部的猛力，如点石功、铁膝盖等，功成之后可凭一指、一膝的功力致敌于伤残。轻功专练纵跳和超距，功成后飞檐走壁，如履平地。至于气功，包括练气与养气，合武功与禅学成一体，练就"金刚不坏之躯"，乃少林上乘功夫，功夫中的精华。

一般看过武术表演的人，总觉得武术是如此的神奇，不敢企望。其实，世间万物，哪一件超越得了科学的范畴？功夫也自有它的极限：练成刀枪不入的血肉之躯，毕竟抗御不了火器枪炮。纵有高超的轻功，毕竟不能脱离地心引力而凌空飞行。气功的神奇效应，通过科学方法的研究，终将

狭长的巷道仿佛把人引入过去的时光

彻底揭示其奥秘。再就功夫的练法而论，任何功夫，莫不是遵循严格的法则而脚踏实地练出来的。一切事实证明，功夫与科学并行不悖。

练功夫若有望成功，必须遵守如下原则，即：按照正确的方法、循序渐进和持之以恒。一般硬功或外功，约三五年可望成功。而轻功、气功，则需苦练十年或更长的时间，坚韧的毅力和恒心是成功的秘诀。兹将少林功夫的一些练法介绍如下：

梅花桩：用坚木棒五根，各长七尺，埋入地下三尺。桩头直径二寸，平头，外用铁箍加固。每桩相距二尺，中桩立于四桩中央，呈梅花形。先于桩上站马步，初用足心，继用足跟，最后用足尖，共百日。

林武僧

少林寺

080

少林寺已有 1500 年的历史

之后于各桩上随意跳跃，最后于桩上练习拳术套路。活步练习，纯用足尖。此功既增长下盘实力，并锻炼身手的灵活度，是少林门中一项重要的基本功。

上缶功：为专练上肢悬劲和两手抓劲的少林嫡传功夫。先备一个具有双耳的酒坛，用短绳系牢两耳。坚木棒一根，长七寸五分，直径一寸五分，正中穿一对小孔，另用一绳穿之，绳长约为身高的三分之二，其下端与联系坛耳的短绳系牢。坛中盛铁砂两三斤，连坛重十斤。练功者站马步，手握棒的两端，把坛悬起，身腰挺直，两手与肩平，肘垂胸前。两手将木棒缓缓向内翻转，绳缠棒上，坛渐上升，至于胸前时，稍停片刻，两手再缓缓向外翻转，坛降至原位，如此每日早晚各练三五十次。每三月向坛中加铁砂三两，不可贪多。照此循序不辍练去，至加铁砂到连坛重三十斤，即告成功。

笼罩在一片青翠中的少林寺

少林寺

石柱功：练武者最重视下盘的稳固，因此，站马步极为重要。石柱功即从站马步入手，练功者早晚两次站马步，系低马步形式，大腿面呈水平位，头项、身腰挺直，两手置膝上。渐次增长时间，练至能坚持半小时许而不喘不汗，即可进而练站桩。竖木桩两根于地，练功者即于木桩上站马步，练至如平地时一样持久时，再在两大腿上加青石块，石旁有耳，可以着手。石块自二十斤开始，每三月加十斤，至能承二百斤重石块，站桩半小时许时，大功告成。此时两腿实力极大，站立时如铜浇铁铸一般，虽多人推挽，亦不动分毫；且大腿肌肉坚实，有刀枪不入之功。

习武的少年

少林寺练武僧留下的脚坑

沙包功：此功练肩、肘、腕、胯、膝的实力，兼练手眼身腰步。以结实帆布做成口袋，内装细沙三十斤，共四个，作四方木架悬之，沙袋高与胸齐。练功者站于中心，用掌向前后左右沙袋拍击。当沙袋被排出荡回之时，宜左右闪避，以练身法，然后再用掌拍击。此功用掌为主，练至纯熟时，或掌或膝，前掌后腿，以及肩肘腕胯，随意练习。早晚两次，坚持不懈。沙包内的成沙逐渐增加，练功者的功力也就与日俱增。

总之，少林功夫种类繁多，对一切古代文化遗产，我们应取其精华、弃其糟粕。对于武术，我们也应采取这种态度。气功为少林功夫之极致，练成之后，亦刚亦柔，变化无方，而某些不得其法、专凭蛮力练就的"功夫"，操练之时易使局部气血阻滞而致伤，而练成之后也只能震惊一般人，一旦遇到高手，以柔克之，无不立败。所谓"泰山虽重，其奈压不着我乎？"就是这个道理。所以用蛮法练就的"功夫"，多为高明的武术家所不取。而活泼气机而使整体健壮、增进实力而不损伤肌体，是我们今天判断功夫优劣的标准。

四、少林寺记事

（一）少林寺走出的两位"开国将军"

1955 年中国人民解放军授衔时，有两位出自少林寺的开国将军：许世友上将和钱钧中将。

1. 许世友上将

许世友，1905 年出生在河南新县，这里属于河南、湖北两省交界的大别山区。因父母养活不了他们兄妹七人，才在逃荒的路上把他送进少林寺，做了和尚。许世友虽然是个杂役，但一有空就偷偷躲在一边，看武僧们练武，边看边学。当时少林寺规矩很严，没有方丈的许可一般僧人是不许练武的，为此许世友还受了罚。后来，执寺武僧贞绪大师见他学武心诚，只要忙完了杂活，便开始传授许世友武功。在师父的教导下，许世友学会了站桩、摔棍、跑

许世友将军雕像

少林寺幽静的长廊

立砖、插沙、运气、打梅花桩等功夫。许世友练功十分刻苦，不怕流汗流血，又因为年龄小，长进很快，不久就练就了过硬的功夫。据说，许世友臂力过人，刀枪剑棍十八般兵器样样精通，在一同习武的人中相当出众，只要他不带练功用的沙袋，寺内数米高的围墙几步开外就能一跃而上，运足了气，三寸多厚的大方砖一掌就能击碎。

1921 年，许世友走出了山门，这年他才 16 岁。不久通过舅父的关系，许世友到了洛阳，在军阀吴佩孚的队伍里当了一名童子军。当兵以后，许世友的生活有了保障。"我们每天下操，打劈头，扒杠子，生活很快活，我很高兴。"对比离开少林寺后颠沛流离的窘况，许世友觉得还不错，

少林寺曾走出过"开国将军"

少林寺

决心好好干下去。直奉战争爆发后，许世友所在部队准备赴前线参战。正在这时许世友闹出了一条人命。那天轮到许世友值日，有个老兵说许世友的内务没有整理好，嘴里骂骂咧咧的，要许世友重叠被子。许世友回了几句嘴，那个老兵欺许世友年龄小，动手打了许世友几个耳光。许世友急了，抬腿就是一脚，不巧正踢在那个老兵的要害处，当场就死了。许世友被五花大绑，关了七天七夜。不巧的是，死的这个老兵跟吴佩孚沾了那么一点亲戚关系，许世友在劫难逃，被军法处判了死刑。就在他吃过"断头饭"、押到刑场准备行刑之际，他舅父慌慌张张地陪着吴

佩孚走过来。吴佩孚上下打量了许世友一下，开口问："听说你有两下子，露一手给我看看？"许世友默不做声，双手一运气，用力一拉，就听"啪"的一声，身上的铁镣铐断为两截。吴佩孚目瞪口呆，本着惜才之心，下令释放了许世友，许世友捡回了一条命。

少林寺药局与少林寺武学、禅学一样光辉灿烂

1926年北伐军攻克武昌时，许世友所在的北洋军阀部队宣布起义，他被任命为连长。就在这时，许世友遇到了同乡傅孟贤和胡德魁，这两位共产党人指引许世友走上了曲折而又辉煌的革命道路。蒋介石发动"四·一二"反革命政变后，许世友根据党组织的安排，以招兵的名义回到大别山，投身于正面临严峻考验的农民运动。战场上许世友勇猛无比，少林功夫发挥了不小的作用。许世友在红军中曾七次参加敢死队，五次担任敢死队长，打了很多硬仗，每次都是身先士卒，舞着一把大刀冲在最前面。有一次，子弹打光了，许世友率领几个战士冲入敌群，硬是拼了四个小时的大刀，把敌人赶出了阵地。许世友常说："人死如吹灯，杀头不过碗大的疤。"许世友曾七次负伤，每次都是自己用手指头硬把伤口里的子弹抠出来，糊点南瓜瓢了事。解放后，许世友的功夫虽然再难有用武之地，

少林黑裔被称为寺内三大
镇寺秘方之一

但他仍坚持勤练不辍。许世友的家中摆满了刀枪剑棍，院子的大树上还吊着沙袋，平日里许世友常常像战时一样，闻鸡起舞，活动拳脚。

有一次苏联军事代表团访问南京，一个苏军军官搬起一个鼓形石墩，在场的军官夸他是个"大力士"。许世友一时兴起，脱掉上衣，双手高高举起一个石狮子，绕场三圈，赢得雷鸣般的掌声，那个苏军军官面子上过不去，也去举那个石狮子，可惜即使用尽力气，石狮子也纹丝不动。

2. 钱钧中将

钱钧将军也曾在少林寺
做过俗家弟子

　　钱钧是河南光山县钱家湾人。由于家境贫困，6岁那年他被送到地主家里当了放牛娃，后来又做过漆匠的小工。11岁的小钱钧又辗转到湖北省宣化店的一个画匠家里当了学徒。一天，钱钧到河边给师母洗衣服，受到别人耻笑："年轻轻的后生，给女人洗衣服，一辈子没出息！"小钱钧被激怒了，他自幼便喜欢听武林游侠劫富济贫的传奇故事，对武林圣地嵩山少林寺更是神往已久，于是他毅然辞别师傅，步行数百里，到嵩山少林寺做了一名俗家弟子。

　　进少林寺后，值班和尚让钱钧烧火。灶

钟楼和古塔都是佛教的特色建筑

大雄宝殿前香火缭绕

少林寺

钱钧对少林功夫叹服不已，
终练就一副好身手

前没有木柴，只立着一个木桩，大约有碗口
粗。小钱钧四处寻找劈柴刀，但都没有找到，
便问："劈柴刀在哪儿？"值班和尚笑着举
手说："这就是刀。"只见他用手撕木桩，
一撕一片，就像撕棉絮一样，霎时，木桩便
化为碎片。小钱钧惊呆了，这跟他潜意识里
游侠壮士的形象不谋而合，他对少林功夫更
加叹服，下决心一定要将其学到手。

此后，钱钧除了三餐后稍事休息外，便
整天待在练功房里练功。当时练功房的墙上
挂着一捆捆二尺来厚、密实坚硬的"千张纸"，
大梁上垂吊着百把斤的大沙包，地上放着盛

少林功夫不仅锻炼人的体魄，
也坚强人的意志

满清水的水窝臼，小钱钧每天双拳不停地向着这些目标击打。长时间的击打使他的手臂青一块、紫一块，肿胀变形，腰肢和双腿酸痛得无法躬蹲，但小钱钧在信念的支持下都咬牙坚持了下来，也由此练就了他百折不挠的坚强意志。就这样，在少林寺生活的五年里，钱钧练就了一身武艺，其中尤以"朱砂掌"最为擅长。他的"朱砂掌"就像是一把钢铸的利斧，大块岩石，一掌下去，立刻碎裂。至于劈青砖，那简直像切豆腐一样。这也就是钱钧被冠以"铁掌将军"雅号的由来。

1930年钱钧参加了红军。钱钧说："许司令武功好，是打出山门的。我武功差，打不出去，只好从后山小道溜走，参加了红军。"1933年，钱钧在鄂、豫、皖特委担任手枪队长。一天，钱钧率领手枪队攻打"红枪会"，当他们听到动静时，发现大门已被堵死，五六十个亡命之徒蜂拥地攀墙而上，妄想突围逃命。趁着夜色沉沉，隐蔽在墙外的钱钧一纵身跃上墙头，伸出铁掌把爬上墙的匪徒像老鹰捉小鸡似的一个个往外摔，一连摔了十几个匪徒，有的当场跌死，有的被摔进水塘，手枪队员一拥而上，不到一个小时，就解决了战斗。

1938年，钱钧任鲁南抗日游击队四支队二团团长。为了夺回被敌人抢走的两部省委

蹲守在少林寺门口的石狮

道劲有力的字体彰显了坚韧
不拔的少林精神

与党中央保持联系的电台，他率领一个连冒死冲进敌阵，当战斗进行到白刃战时，钱钧高举大刀，左砍右劈。一道道寒光下，刀起头落，敌人纷纷倒下，两部电台被夺了回来。钱钧在山东抗日根据地和日本鬼子打过许多次硬仗，每次白刃肉搏，敌人都没占一点便宜。钱钧身上挨了十五颗子弹，挂过十九次彩。"文化大革命"中的一天，钱钧乘车出行，途经南京中山门时，被一群"造反派"拦下。"造反派"们手持铁长矛，要检查军车，钱钧下车与他们

龟代表了远久

年代久远的古塔

理论，一名"造反派"就把长矛伸到钱钧胸前威胁。钱钧微微一笑，伸出左手握住长矛，"造反派"想收回，用力一拉，长矛却纹丝不动，钱钧又伸出右手，猛一用力，铁矛已成弓形，"造反派"们一下子被震住了。就这样，无论是在鄂、豫、皖的崇山峻岭中，还是在雪山草地上，抑或是在烽火连天的艰苦岁月中，钱钧那一身武艺、那铁塔一样坚强的身骨，都使他在战争中如虎添翼，屡立奇功。

"拳不离手，曲不离口"，这是钱钧的口头禅。钱钧晨起练功，风雨无阻。口吟《峨嵋道人拳歌》，吟完舒臂抬腿，摆成"弓字桩"，双拳交替前出，接着换为"骑马桩"推掌，"虚字桩"定型，站桩完毕，

美轮美奂的少林建筑

少林寺

又打一套"小洪拳"，有时兴起，亮几手朱砂掌。一天，钱钧练功完毕，要警卫员找一个岩石来。钱钧止步拉架，聚神运气，忽出右掌，猛劈而下，岩石即刻断为两截，这时钱钧已经年过七十了。

钱钧一直很推崇许世友的武功："我在少林寺，练的是朱砂掌和大洪拳。许司令武功比我高。他会气功，内外双修。

（二）少林十三棍僧救唐王

公元 617 年初夏的一个上午，和煦的阳光沐浴着锦绣的中州大地，巍峨的嵩岳更加俊美，挺拔的玉寨分外妖娆。在这两座名山间的龙潭河边，有十二名身着青灰土布、白领连襟的和尚正在练武。一会儿是"白云罩顶""枯树盘根"，一会儿是"毒蛇出洞""力拔千钧"。只听得棍棒的飞舞声"嗖嗖"直响。人赞"觉远舞棍，泼水不进"。师兄弟们棍棒拳技之高就可想而知了。唐开国皇帝李渊之子李世民，化装轻骑，深入敌后侦察时，不幸被郑王王世充的侄子王仁则的部下发现擒获。当王仁则将李世民作为"钦犯"押赴洛阳、向其叔父报功的途中，李世民竭尽全力，使出"霸王蜕铐"的招数，砸碎了重铐，打死了解差军，径直向五乳峰方向跑来。正当王仁则率兵赶到龙潭河边，情况万分危急之时，练武的觉远和尚发现王仁则带兵追赶一个跑得筋疲力尽的后生，出于善心和对郑军的杀父之恨，觉远急中生智，与其他十一名棍僧一起略施小计，把后生救回寺内暗藏，此举得到了棍僧师父紧那罗的赞赏，却遭到老方丈和僧值的反对。

第二天，王仁则向方丈要"钦犯"和暗藏"钦犯"的"狂僧"时，方丈决定先责打

少林寺地上莲花形状的花纹

少林寺已成为闻名中外的旅游胜地

端坐在殿内的佛像，神态安然

少林寺

觉远一百大板，而后送交郑王处置。正当觉远和紧那罗等师徒束手无策时，李世民毅然从躲藏的僧棚里飞步来到大雄宝殿，对方丈和僧值说："祸由我出，应由我承担，不能责打恩公。我愿立即离开，以保贵寺清白。"说完扭头就走，不料一出山门，就被王仁则的伏兵所擒，第二次落入王仁则之手，立即被押往洛阳。紧那罗、觉远等师徒十三人就尾随郑军伺机营救，经过一天一夜后抵达洛阳城，李世民被押进城门。十三棍僧在城外密林之中商议营救之计。午夜后，十三人丢掉平时练功用的"重身"之物"铁压肩""铁护胸""腕骨铁袖圈""腿沙袋"等，轻似飞燕地爬上城头。由于紧那罗熟识城内街

精美绝伦的藻井

巷，很快找到了囚禁"钦犯"的监牢，弄来了牢房钥匙，以闪电般的速度跃至牢房，开了牢房与大枷，背上李世民就出了监门。杀了守城门的郑军，打开城门，觉远背着李世民急急朝正东而去，其余十二人在后面抵御追赶的郑军，出城不远，巧遇前来营救李世民的唐将秦叔宝。十三棍僧喜出望外，送李世民回唐营，第二次搭救了李世民，为大唐立下了大功，李世民当了皇帝后，屡次要重赏十三棍僧，均被拒绝，太宗无奈，只好特意敕封少林和尚可以吃酒肉、开杀戒、招僧兵、参政事。后又升觉远为方丈，又赐《唐太宗

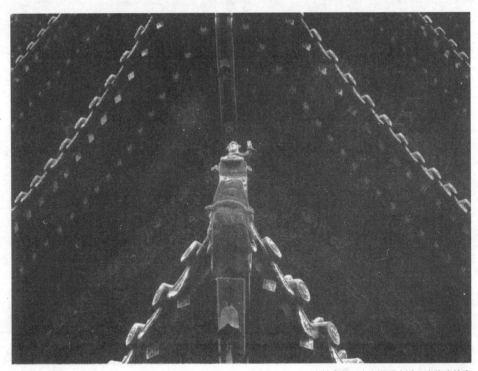

少林寺在历史上涌现出过不少传奇故事

赐少林寺主教碑》立于寺内，以示皇恩。
碑文中"世民"二字是李世民亲自草签的。
从此，少林寺也就闻名于天下。后来，佛
门弟子为了颂扬十三棍僧救驾有功，特请
当朝名家在白衣殿东墙上绘了两面巨幅壁
画。南边一幅上画着：城门口追出了一支
人马，十三棍僧护围着年轻的李世民正在
马上东逃，北边一幅画着：十三棍僧在五
乳峰下生擒郑将王仁则。如今，画面仍栩
栩如生，真实地再现了当年救驾的情景。

少林寺记事

（三）少林和尚擒郑将的故事

公元 617 年夏季的一个早晨，骄阳尚未肆虐，天气就阴沉下来，一阵凉风过后，五彩缤纷的朝霞就被滚滚乌云遮盖住了，天空中只有燕子掠地而过。在这"山雨欲来风满楼"的时刻，由南向北通往白马寺的山路上走着一女一男。女的一副山村媳妇打扮，头顶花巾，身穿紫衫绿裤红绣鞋，举着雨伞前边赶路，颇有男子汉风度。男的身材魁梧，面目清秀，头戴草帽肩扛行李在后面紧跟，正向前走。忽然听得一声"站住！"一群郑军赶上来问："干什么的？"男的不慌不忙说："走亲戚。""她是你什么人？""姐姐。""是不是和尚觉远？"女子并不答话。男的抓下草帽说："什么和尚！我没那福。"郑军欲搜女子身，正在撕扯中，忽听一声"青天白日欺负良家女子，是何道理？"一个七十开外、面色红润的长须老人走下山来。郑军喝道："少管闲事，我等王命在身。"老人说："岂有欺负女子的王命！""郑王告示捉拿和尚觉远，你能管吗？"老人笑说："和尚定是男子，你们为何搜女子？"老人上前一把取下女子头巾说道："这是我孙女，岂能有假！"郑军一看是个女子，都灰溜溜地走

少林寺乾隆碑

少林寺蕴藏着丰富的文化宝藏

少林寺锤谐堂

少林寺

112

开了。这女子是谁呢？正是觉远和尚。

三人瞒过盘查，继续向前走去，觉远趁无人时，换上僧装前行。太阳压山时才到白马寺，觉远拜佛心切，径直朝山门走去。进门一看，一下子惊呆了，只见十多个和尚被反绑在大树上，惨叫声不断，觉远心中嘀咕，与其为了我，让这里也遭劫，何不一人赴难救出佛门后嗣？想到这里，觉远正要出寺，白胡须老者抓住其胳膊将他拉出山门，跑了一会儿躲入路旁林中。还未坐下，忽听一阵脚步声，还有人说："师父，师兄怎敢到郑军眼皮下来，到白马寺也是空跑。"觉远一听便两眼泪汪汪，看见师父紧那罗来此，便向师父介绍了冉公。

觉远想去救那些被捆绑的僧值，但被冉公阻止，"今若觉远赴难，郑王更有把柄嫁祸少林。若要保全佛门，需速向上下陈述利害，只要少林齐心，郑王就无隙可乘"。他们此时如梦方醒，一同回到了少林。

浓重的晨雾还未被阳光驱散，少林寺大雄宝殿参佛未毕，守门沙弥就跑过来报说："郑军已将寺院团团围住。"此时，外面吵闹声更凶，紧那罗说："今日已不是讲理退敌之时，为今之计，敌强我弱，只能斗智不可斗勇。"方丈传出法令，要上下听从紧那罗指挥。紧那罗向红面小僧低语几句之后，"哗啦"打开山门，郑军正要一拥上前，红

从殿前穿行而过的少林寺僧人

少林寺记事

113

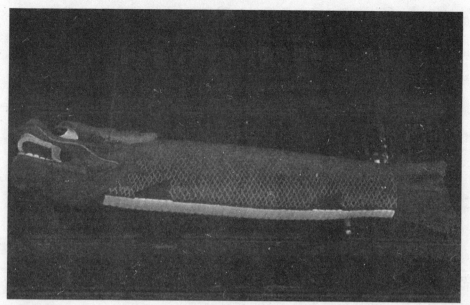
少林寺龙头木鱼

面小僧站在山门前台阶上搭话，他赤手空拳，面无惧色。王仁则说道："少要啰嗦，让觉远来见。"话音刚落，山门处觉远已站在门前合掌说道："王将军在上，小僧觉远有礼。"王仁则一见觉远，大出所料，随口说道："我道是个高僧，原来是个貌不惊人的沙弥，早知如此，割鸡何用牛刀。"郑军应声而上，此时觉远已从山门里抓来一根铁棒，把郑军的枪棒打得七零八落。王仁则怒气填膺，飞步向前，两人翻滚跳跃打斗起来，只看得郑军眼花缭乱，分不清谁是谁。两人你来我往斗了几个回合之后，觉远看出对方慢慢气力不支，也就故意放慢拳脚。王仁则却认为觉远不敌，心

雪后少林寺

中大喜，双拳紧逼想一下子把觉远打翻在地。觉远看他已经上钩，便且战且退，王仁则则步步紧逼。当退至塔林边时，觉远跳出圈外说道："王将军，你斗不过小僧，后会有期。"扭头就向五乳峰跑去。王仁则贪功心切，正想捉拿觉远以显本领，便飞步赶来，恨不得一步赶上抓住觉远。觉远见王仁则紧紧追来，心中万分高兴，说时迟那时快，使出绝招，一个"悟空筋斗"就从空中砸了下来。这一砸犹如泰山压顶，正好砸在王仁则身上，觉远跨在王仁则的背上，王仁则死命挣扎，妄想一下子把觉远翻下去。觉远伸出平日练就的开山锤，轻轻两下，王仁则的两条胳膊就已动弹不得，浑身骨头已酥，再也挣扎不起。

少林寺记事

郑军看见主将被擒，哪里还有心思再战，又被十二棍僧一冲，早就丢盔弃甲四散逃命而去。几个沙弥迎上觉远，七手八脚把王仁则五花大绑捆了起来。今日少林寺白衣殿东墙上北边巨幅壁画，就是这个胜利场景的再现。

这就是少林和尚救唐王后又擒王仁则的历史故事。李世民统一天下后，一再赐封紧那罗、觉远师徒。紧那罗圆寂升天，李世民又加封他为"那罗佛祖"，并雕塑

少林秘笈，国之瑰宝

少林寺

了铜像。如今,这座铜像仍端坐在少林寺"立雪亭"内,接受人间香火。

(四)咏少林寺诗

选取一些从唐至明清几代文人学士所作的歌咏少林寺的作品,以飨读者。

问少室南原

地僻人烟断,山深鸟语哗。清溪鸣石齿,暖日长藤芽。绿映高低树,红迷远近花。林间见鸡犬,直疑是仙家。 (元好问)

游少林寺

步行招提路,因之访道林。石龛苍藓

香径白云深。双树含秋色，孤峰起夕阴。屡廊行欲遍，回首一长吟。（戴叔伦）

少林寺

峨峨五乳峰，奕奕少林寺。海内昔横流，立功自隋季。宏构类宸居，天衣照金织。清梵切云霄，禅灯晃苍翠。颇闻经律余，多亦谙武艺。疆场有艰虞，遣之扞王事。今者何寂寥？阒哉成芜秽。坏壁出游蜂，空庭刍荒雉。答言新令严，括田任污吏。增科及寺庄，不问前朝赐。山僧缺餐粥，住守无一二。百物有盛衰，回旋倘天意。岂无村杰人？发愤起颓废。寄语惠场流，勉待秦王至。（顾炎武）

少林寺香火鼎盛

寻达摩祖师面壁处

老禅参可破，面壁悟真空。遁迹尘嚣远，藏修道业通。九年山谷里，拳石草庵中。忆昔飘然渡，芦花江上风。（李天发）

望少林次韵

三十六峰云气通，何峰寺西何者东。林岩霜横远亦静，烟岚日破重还空。千山尽历暮转碧，一树不落秋能红。渐闻钟声出杳霭，得路谁怜马仆功！（李梦阳）

宿少林寺二首

山游访古刹，荆棘苦猛密。入寺眼忽明，当门拱少室。老柏翠参天，疏影漏斜日。碑

群山环绕的少林寺

版多唐宋，斑驳映玉质。广庭岚气袭，单衣骤凛栗。何处发钟声，凉飙助萧瑟。

初祖从西来，选胜乃得此。九年不回头，神在石壁里。岩岩五乳峰，青莲吐花蕊。禅门承七祖，宗文自兹始。更有紧那罗，金身壮奇诡。卓立张空拳，见客色有喜。(顾嗣立)

少林寺